Impressum
Verlag: BABADADA GmbH, Nedderfeld 112 , 22529 Hamburg
Geschäftsführer / Verlagsleitung: Harald Hof
Druck: Books on Demand GmbH, In de Tarpen 42, 22848 Norderstedt

Imprint
Publisher: BABADADA GmbH, Nedderfeld 112 , 22529 Hamburg, Germany
Managing Director / Publishing direction: Harald Hof
Print: Books on Demand GmbH, In de Tarpen 42, 22848 Norderstedt

school

sekolo

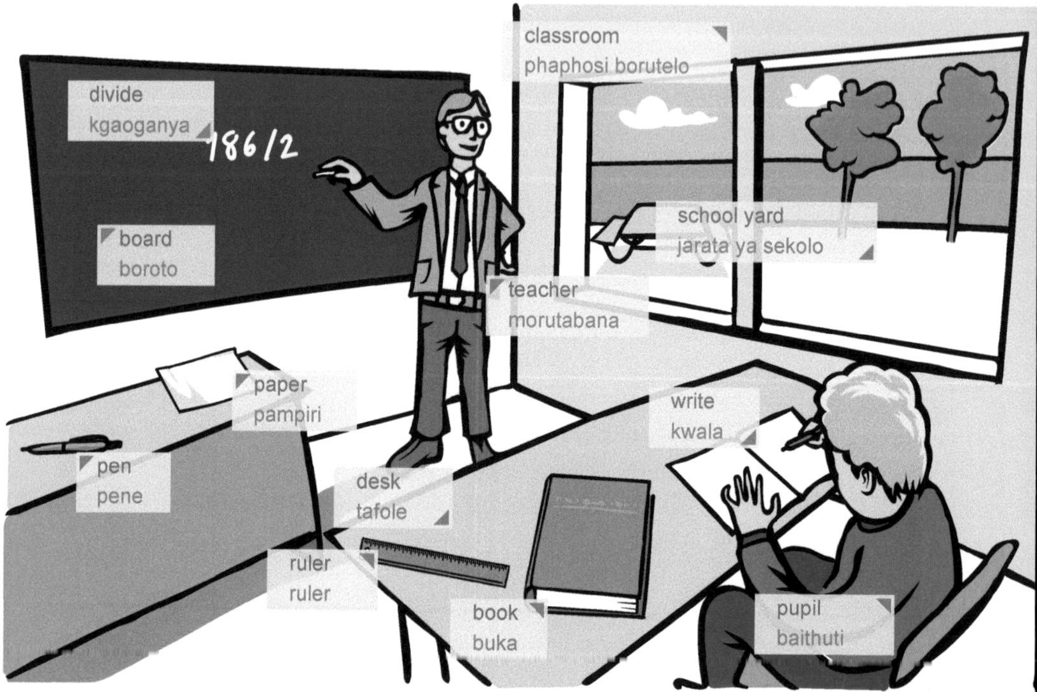
classroom
phaphosi borutelo
divide
kgaoganya
186/2
board
boroto
school yard
jarata ya sekolo
teacher
morutabana
paper
pampiri
write
kwala
pen
pene
desk
tafole
ruler
ruler
book
buka
pupil
baithuti

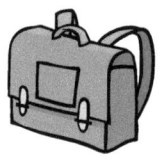

satchel

kgetsana ya dibuka

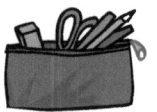

pencil case

setsenya dipensele

pencil

pensele

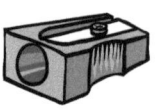

pencil sharpener

seseta pensele

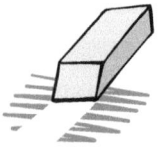

rubber

sephimola

drawing pad

boto ya go torowa

drawing

torowa

paintbrush

boratšhe jwa pente

paint box

bokose ya pente

scissors

dikere

glue

sekgomaretsi

exercise book

buka ya go kwalela

homework

tirogae

number

palo

add

tlhakanya

subtract

kgaoganya

multiply

atisa

calculate

khalkhuleitara

letter

lekwalo

alphabet

alfabete

word

lefoko

text
mafoko

read
bala

chalk
choko

lesson
thuto

register
rejistara

exam
tlhatlhobo

certificate
setifikeiti

school uniform
diaparo tsa sekolo

education
thuto

encyclopedia
encyclopedia

university
unibesithi

microscope
mikoroskoupo

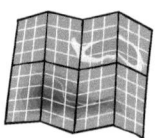

map
mmepe

waste-paper basket
moteme wa dipampiri

hotel
hotele

Grand

hostel
hosetele

ROOMS

bureau de change
kantoro ya go fetola madi

EXCHANGE

car
sejanaga

language

puo

yes / no

ee / nnyaa

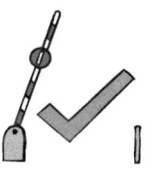

Okay

Go siame

hello

dumela

translator

moranodi

Thank you

Ke a leboga

how much is...?	I do not understand	problem
ke bokae...?	ga ke tlhaloganye	bothata

Good evening!	Good morning!	Good night!
O itumelele bosigo!	Dumela!	Robala Sentle!

bye bye	direction	luggage
tsamaya sentle	tsela	dithoto

bag	backpack	guest
kgetsi	kgetsi	moeng

room	sleeping bag	tent
phaposi	kgetsana ya go robalela	mogope

tourist information
tshedimosetso ya mojanala

beach
lewatle

credit card
karata ya go tsaya sekoloto

breakfast
sefitlholo

lunch
dijo tsa motshegare

dinner
dijo tsa maitsiboa

ticket
tekete

lift
lifiti

stamp
setempe

border
bodara

customs
dingwao

embassy
embassy

visa
visa

passport
lokwalo itshupo

transport
sepalangwa

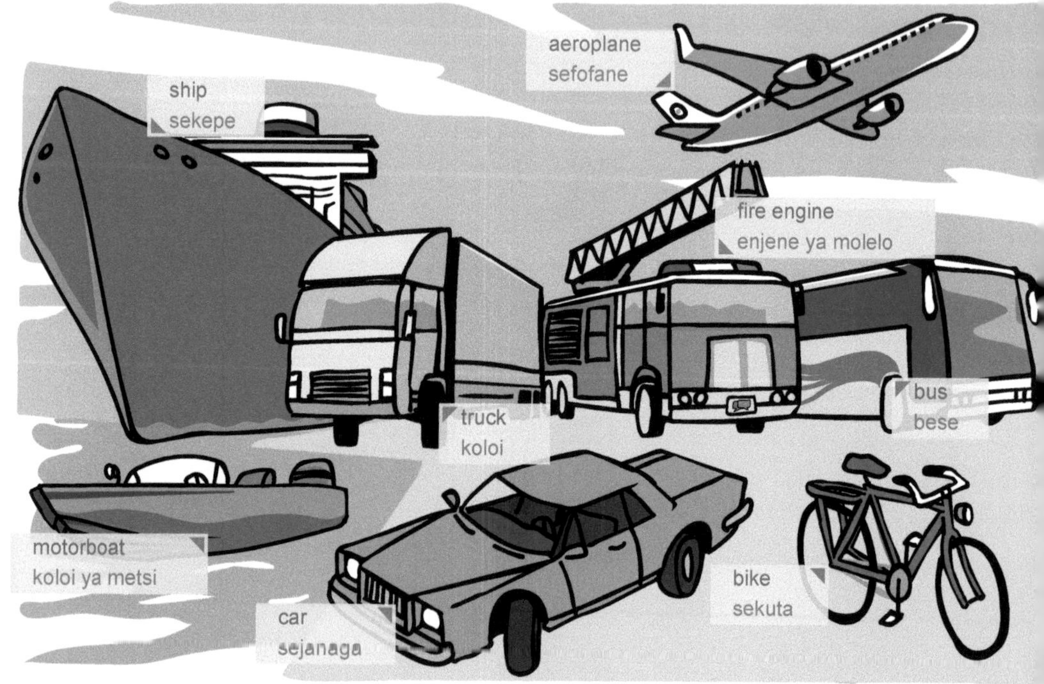
aeroplane
sefofane
ship
sekepe
fire engine
enjene ya molelo
bus
bese
truck
koloi
motorboat
koloi ya metsi
bike
sekuta
car
sejanaga

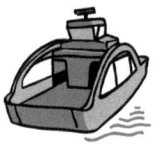

ferry
feri

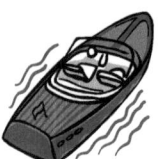

boat
sekepe

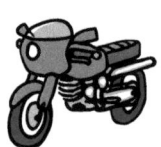

motorbike
sethuthuthu

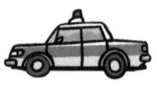

police car
sejanaga sa mapodisa

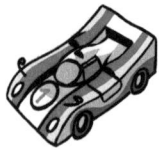

racing car
sejanaga sa lobelo

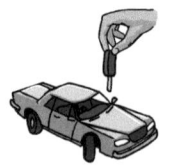

rental car
sejanaga se se hirilweng

car sharing

aroganya sejanaga

breakdown truck

koloi e e gogang dikoloi tse
di robegileng

refuse truck

koloi e e tsayang matlakala

motor

koloi

fuel

lookwane

petrol station

seteišhene sa lookwane

traffic sign

letshwao la pharakano

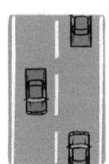

traffic

pharakano

traffic jam

pharakano

car park

lefelo la go emisa koloi

train station

seteišhene sa terena

tracks

mela

train

terena

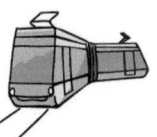

tram

tereme

carriage

kolotsana

helicopter

sefofane

airport

boemeladifofane

tower

tora

passenger

mopalami

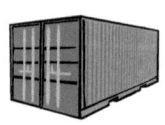

container

sekhafothini

carton

bokoso

cart

karaki

basket

basekete

take off / land

go tsamaya / go fitlha

city

toropo

village

motse

city centre

legare la teropo

house

ntlo

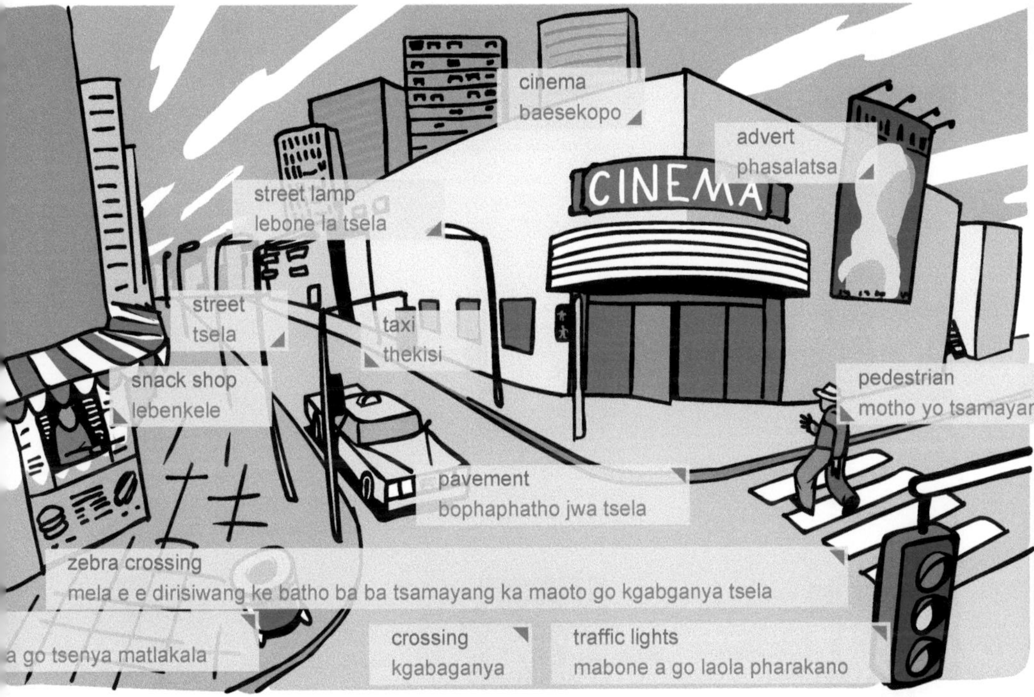

cinema
baesekopo

advert
phasalatsa

street lamp
lebone la tsela

CINEMA

street
tsela

taxi
thekisi

snack shop
lebenkele

pedestrian
motho yo tsamayan

pavement
bophaphatho jwa tsela

zebra crossing
mela e e dirisiwang ke batho ba ba tsamayang ka maoto go kgabganya tsela

a go tsenya matlakala

crossing
kgabaganya

traffic lights
mabone a go laola pharakano

hut

ntlo e e ruletseng ka bojang

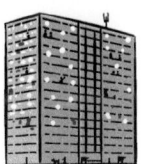

flat

sephara

train station

seteišhene sa terena

town hall

ntlolehalahala la toropo

museum

museamo

school

sekolo

city - toropo

university

unibesithi

bank

banka

hospital

sepetlele

hotel

hotele

pharmacy

lefelo la melemo

office

kantoro

book shop

lebenkele la dibuka

shop

lebenkele

florist's

batho ba ba rekisang malomo

supermarket

lebenkele

market

maraka

department store

lebenkele la diaparo

fishmonger's

fishmongers

shopping centre

moago wa mabenkele a a mantsi

harbour

boema dikepe

park
....
serapa

bench
....
banka

bridge
....
borogo

stairs
....
ditepisi

underground
....
kwa tlase ga lefatshe

tunnel
....
kgogometso

bus stop
....
boemela bese

bar
....
bara

restaurant
....
lefelo la go jela

postbox
....
lebokose la pose

street sign
....
letshwao la tsela

parking meter
....
mitara wa go emisa koloi

zoo
....
lefelo la go bonela
diphologolo

swimming pool
....
letlodi la go thuma

mosque
....
tempele ya mamoselema

farm
polase

pollution
kgotlelelo

graveyard
mabitla

church
kereke

playground
lefelo la go tshamekela

temple
temple

landscape

boago jwa lefelo

signpost
matshwao

way
tsela

meadow
ditlhaga

stone
letlapa

hiker
motho yo o tsamayang mo thabeng

tree
setlhare

river
noka

grass
bojang

flower
lelomo

valley

mokgatša

hill

thatshana

lake

lekadiba

forest

sekgwa

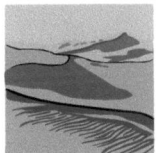

desert

sekaka

volcano

lekgwamolelo

castle

khasele

rainbow

motshe wa badimo

mushroom

leboa

palm tree

mokolana

mosquito

montsane

fly

tshenekegi

ant

tshoswane

bee

notshi

spider

segokgo

beetle

khukhwana

frog

segwagwa

squirrel

mosha

hedgehog

noko

hare

mmutla

owl

morubisi

bird

nonyane

swan

pidipidi

boar

dikolobe tsa naga

deer

kgokong

moose

moose

dam

letamo

wind turbine

sefetlhaphefo

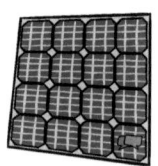

solar panel

motlakase o o dirilweng ka
letsatsi

climate

loapi

restaurant
lefelo la go jela

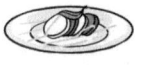

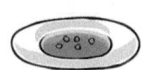

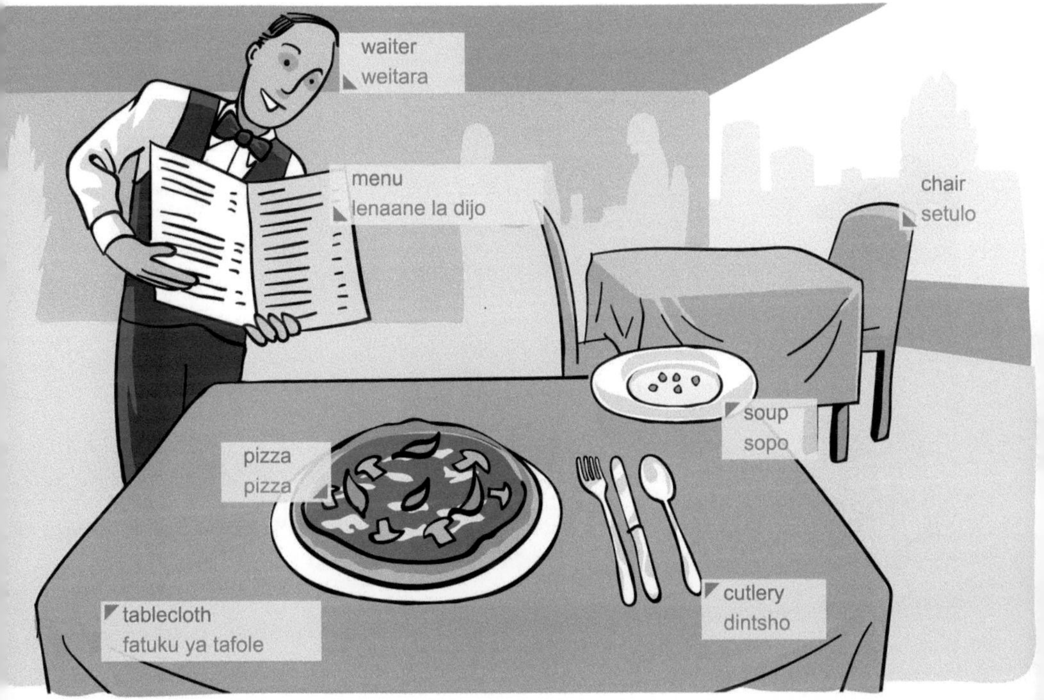
waiter
weitara
menu
lenaane la dijo
chair
setulo
soup
sopo
pizza
pizza
tablecloth
fatuku ya tafole
cutlery
dintsho

starter

sejo sa ntlha

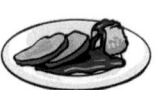

main course

sejo sa bobedi

dessert

dijo tse di naleng sukiri

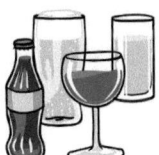

drinks

dino

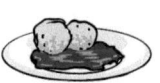

food

dijo

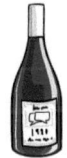

bottle

botlolo

fast food

dijo tsa mo strateng

street food

dijo tsa seterata

teapot

ketlele ya tee

sugar bowl

sejana sa go tsenya sukiri

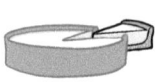

portion

karolo

espresso machine

motšhini wa espresso

high chair

setulo se se kwa godimo

bill

tshupamolato

tray

terei

knife

thipa

fork

forotlho

spoon

liso

teaspoon

leswana

serviette

lesela la go iphimola

glass

galase

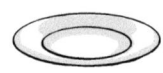

plate

poleiti

soup plate

poleiti ya sopo

saucer

sosara

sauce

sopo

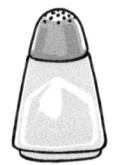

salt pot

sejana sa letswai

pepper mill

sesila pepere

vinegar

aseini

oil

oli

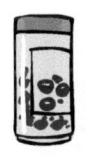

spices

ditswaiso

ketchup

tamati souso

mustard

masetete

mayonnaise

mayonaese

supermarket
lebenkele

special offer
sesolo se se kgethegileng
FOR
customer
moreki
dairy
dilwana tsa mašwi
fruit
leungo
trolley
teroli

BUTCHERS

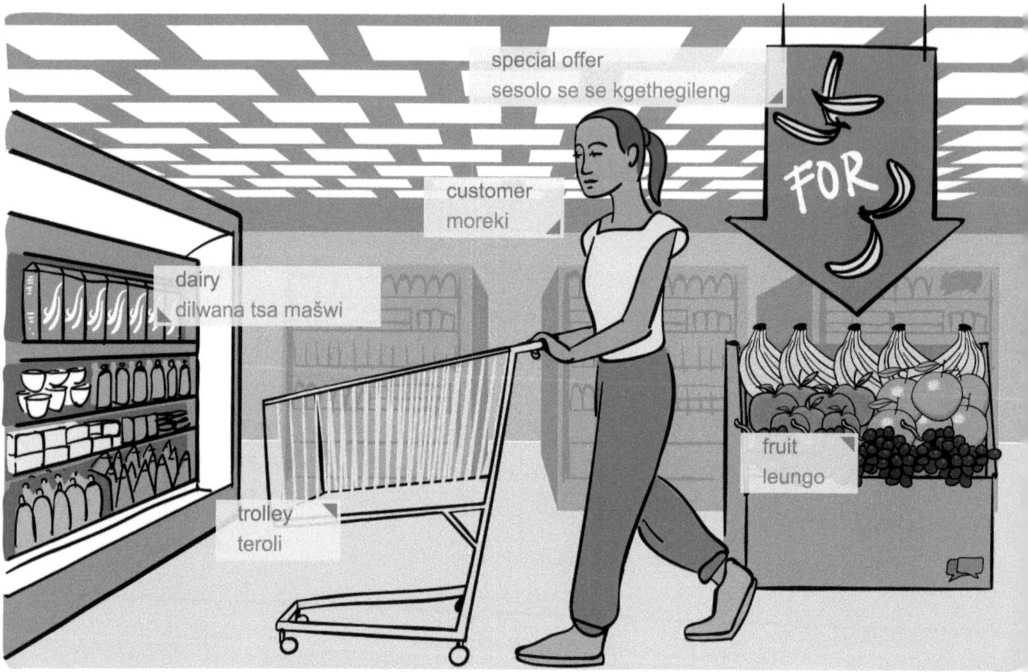

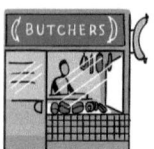

butcher´s

batho ba ba segang nama

BAKERY

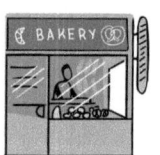

baker´s

babaki

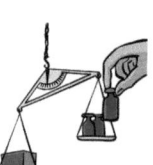

weigh

boima

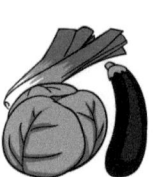

vegetables

merogo

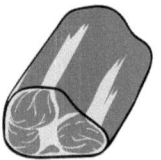

meat

nama

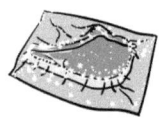

frozen food

dijo tse di aesitsweng

cold meat

nama e e sa tlhokeng go apewa

tinned food

dijo tsa thini

washing powder

molora o o tlhatswang

sweets

dimonamone

household products

dilwana tsa ntlo

cleaning products

dilwana tsa go phepafatsa

salesperson

morekisi

till

motšhini wa madi

cashier

morekisi

shopping list

lennane la go reka

opening hours

diura tsa go bula

wallet

sepatšhe

credit card

karata ya go tsaya sekoloto

bag

kgetsi

plastic bag

kgetsi ya polasetiki

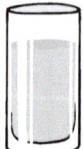

water

metsi

juice

jusi

milk

mašwi

coke

khouku

wine

beine

beer

biri

alcohol

bojalwa

cocoa

khoukhou

tea

tee

coffee

kofi

espresso

esepereso

cappuccino

cappuccino

banana

panana

apple

apole

orange

namune

melon

legapu

lemon

surunamune

carrot

segwete

garlic

konofole

bamboo

lotlhaka lwa bampuse

onion

eie

mushroom

mabowa

nuts

manoko

noodles

di-noodles

spaghetti

sepagethi

rice

raese

salad

salate

chips

ditšhipisi

fried potatoes

ditapole tse di gadikilweng

pizza

pizza

hamburger

hamburger

sandwich

borotho jo bo tlapisitsweng

cutlet

nama e e gadikilweng

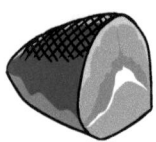

ham

nama ya kolobe

salami

salami

sausage

boroso

chicken

koko

roast

gadika

fish

tlhapi

porridge oats

bogobe jwa outse

muesli

muesli

cornflakes

cornflakes

flour

bupi

croissant

croissante

bread roll

banse

bread

borotho

toast

borotho jo bo besitsweng

biscuits

bisikiti

butter

botoro

curd

tšhisi

cake

kuku

egg

lee

fried egg

lee le le gadikilweng

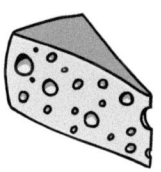

cheese

kase

ice cream

aesekirimi

sugar

sukiri

honey

mamepe a dinotshe

jam

jeme

chocolate spread

chokolete e e tshasiwang

curry

khari

farm
polase

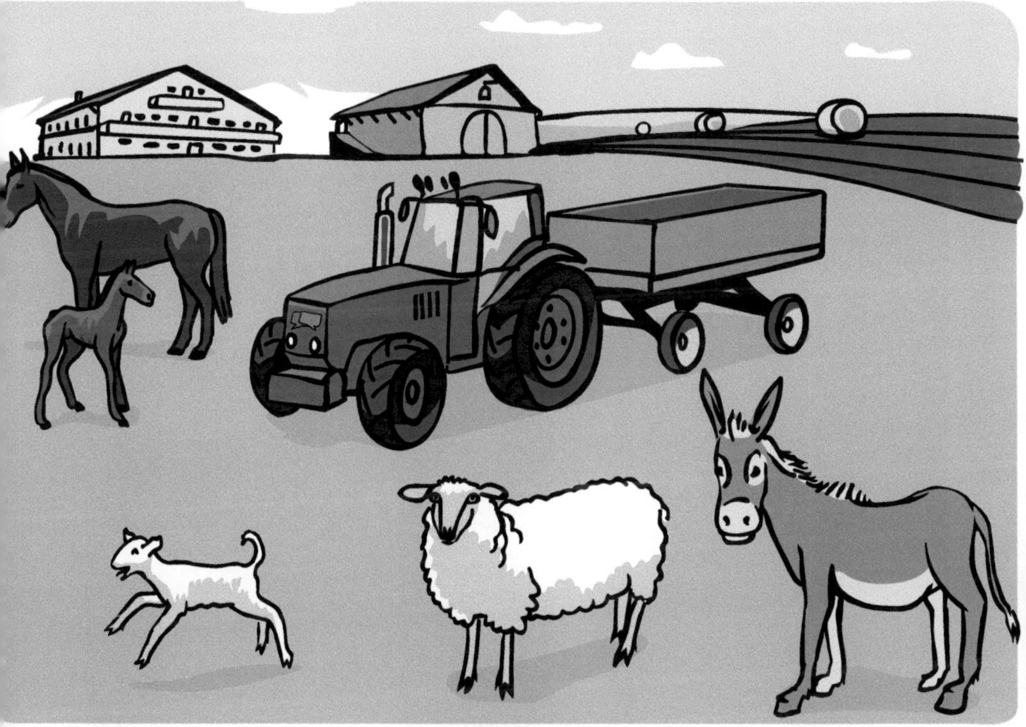

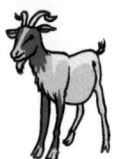

goat

pudi

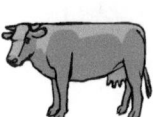

cow

kgomo

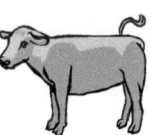

calf

namane

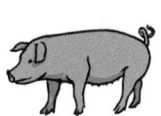

pig

kolobe

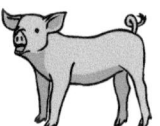

piglet

kolojane

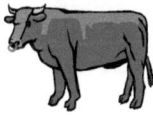

bull

poo

goose

ganse

duck

pidipidi

chick

kokwanyana

hen

mokoko

cock

mokoko

rat

peba

cat

katse

mouse

peba

ox

kgomo

dog

ntša

doghouse

ntlo ya ntša

garden hose

lethompo la tshingwana

watering can

tanka ya go nosetsa

scythe

disekele tsa tshipi

plough

lema

sickle

disekele

hoe

setlhagola

pitchfork

foroko ya go peta

axe

selepe

wheelbarrow

kiribae

trough

bonwelo

milk can

mašwi a a moteng ga
moteme

sack

kgetsana

fence

legora

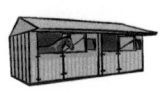

stable

tsepame

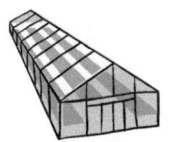

greenhouse

lefelo la go godisa dijalo

soil

mmu

seed

peo

fertilizer

menyoro

combine harvester

thobo e e kopaneng

harvest

thobo

harvest

thobo

yams

di-yam

wheat

korong

soy

soya

potato

tapole

corn

korong

rapeseed

disonobolomo

fruit tree

setlhare sa maungo

cassava

cassava

cereals

dijo tsa phakela

living room

phaposi ya bodulo

bathroom

phaposi ya go tlhapela

kitchen

boapeelo

bedroom

phaposi ya borobalo

child's room

phaposi ya bana

dining room

phaposi ya bojelo

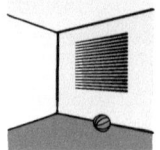

floor

mo fatshe

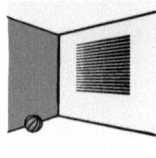

wall

lebota

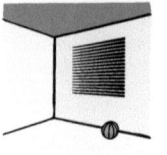

ceiling

siling

cellar

mabolokelo

sauna

se futhumatsa mmele

balcony

mokatako

terrace

mokgekolosa

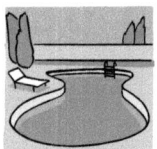

pool

makadiba

lawn mower

sedirisiwa sa go sega
bojang

sheet

lakane

bedspread

kobo

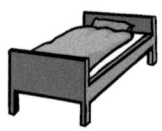

bed

bolao

broom

lefielo

bucket

kgamelo

switch

switch

carpet
mmetshe

curtain
garetene

table
tafole

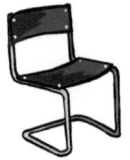

chair
setulo

rocking chair
setulo se se binang

armchair
setulo se se naleng boikego

book
buka

blanket
kobo

decoration
mokgabiso

firewood
dikgong tsa molelo

film
filimi

hi-fi equipment
hi-fi ya go letsa

key
selotlolo

newspaper
lokwalodikgang

painting
setshwantsho se se
dirilweng ka pente

poster
pampiri ya go phasalatsa

radio
seyalemowa

notepad
buka ya dintla

hoover
huvara

cactus
motoroko

candle
kerese

kitchen
boapeelo

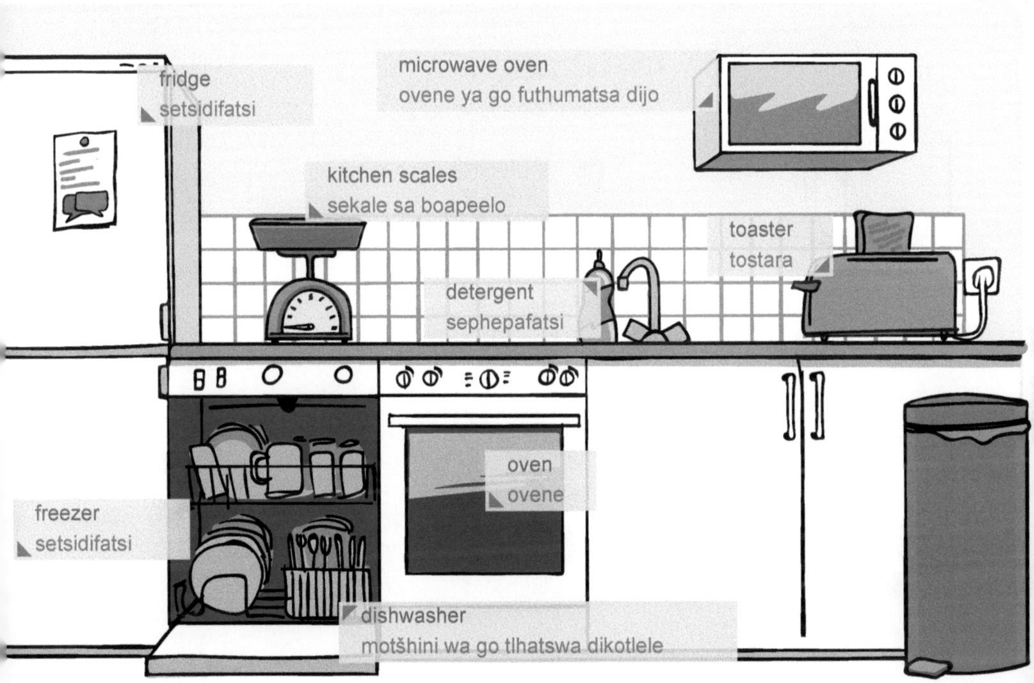
fridge
setsidifatsi
microwave oven
ovene ya go futhumatsa dijo
kitchen scales
sekale sa boapeelo
toaster
tostara
detergent
sephepafatsi
oven
ovene
freezer
setsidifatsi
dishwasher
motšhini wa go tlhatswa dikotlele

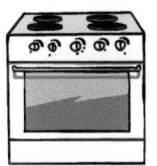

cooker

moapei

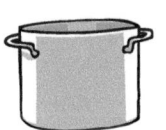

pot

pitsa

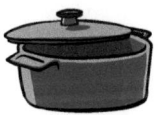

cast-iron pot

pitsa ya tshipi

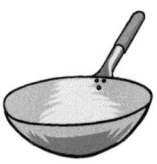

wok / kadai

wok / kadai

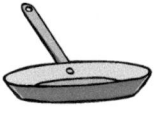

pan

pane

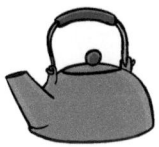

kettle

ketlele

steamer

sefuthumatsi

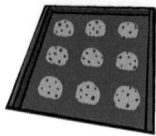

baking tray

terei ya go baka

crockery

dintsho

mug

kopi

bowl

sejana

chopsticks

thobane ya go rema

ladle

thoka

spatula

sepatšhula

whisk

wiskara

strainer

setereinara

sieve

setlhotlhi

grater

greitara

mortar

kika

barbecue

nama ya kgomo

open fire

molelo o o mopepeneneg

chopping board

boroto ya go segela

rolling pin

rolara

corkscrew

sebula dibotlolo tsa beine

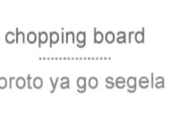

can

moteme

can opener

sebula moteme

pot holder

setshwari sa pitsa

sink

sinki

brush

boratšhe

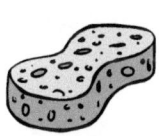

sponge

sepontšhe

blender

setlhakanya dijo / maungo

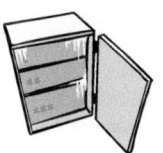

deep freezer

setsidifatsi

baby bottle

botlole ya ngwana

tap

tepe

bathroom

phaposi ya go tlhapela

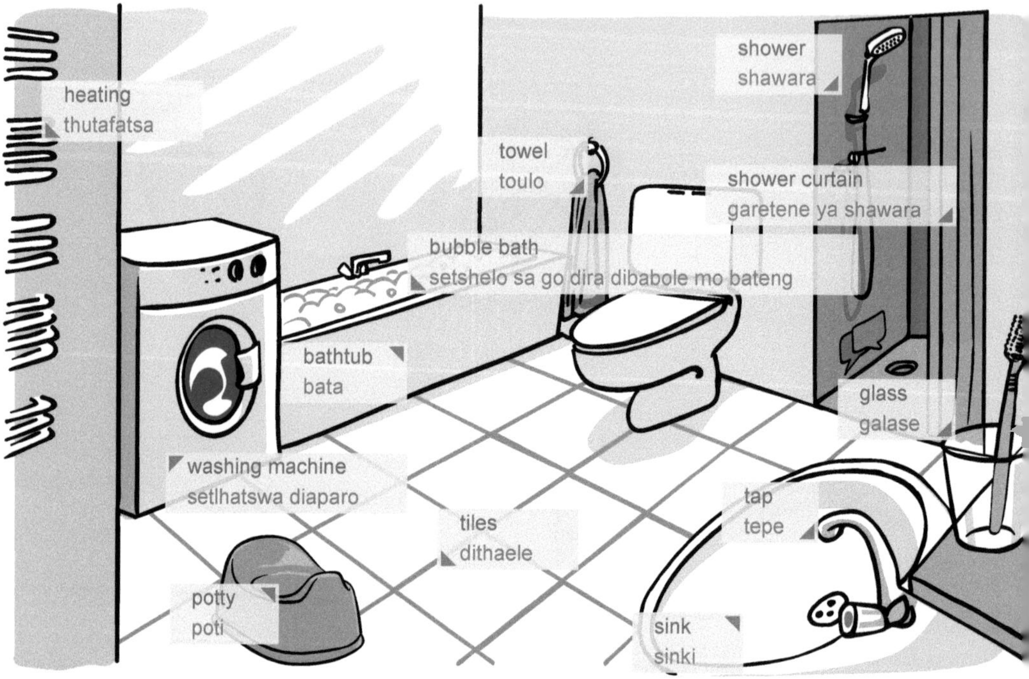
heating
thutafatsa
towel
toulo
shower
shawara
shower curtain
garetene ya shawara
bubble bath
setshelo sa go dira dibabole mo bateng
bathtub
bata
glass
galase
washing machine
setlhatswa diaparo
tap
tepe
tiles
dithaele
potty
poti
sink
sinki

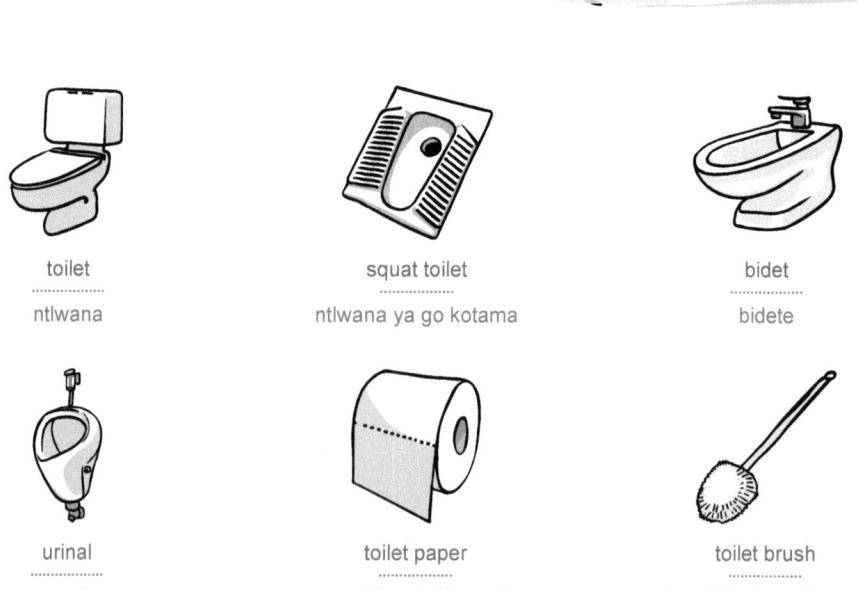

toilet

ntlwana

squat toilet

ntlwana ya go kotama

bidet

bidete

urinal

moroto

toilet paper

pampiri ya boithomelo

toilet brush

boratšhe jwa ntlwana

toothbrush

boratšhe jwa meno

toothpaste

sesepa sa meno

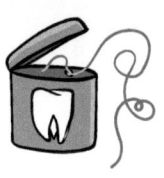

dental floss

tlhale ya go phepafatsa meno

wash

tlhatswa

handheld shower

shawara ya go itshwarela

douche

senkgisa monate

basin

beisini

back brush

boratšhe jwa mokwatla

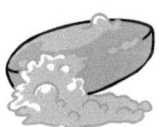

soap

sesepa

shower gel

jele ya shawara

shampoo

setlhapisa moriri

flannel

folanele

drain

mosele

cream

setlolo

deodorant

senkgamonate

mirror

seipone

hand mirror

seipone sa go itshwarela

razor

legare

shaving foam

foumu ya go ntsha moriri

aftershave

foumu ya fa o fetsa go
ntsha moriri

comb

kama

brush

boratše

hair dryer

seomisa moriri

hairspray

seporei sa moriri

makeup

seitlole sa sefatlhego

lipstick

setlolo sa molomo

nail varnish

pente ya dinala

cotton wool

boboa

nail scissors

sekere sa dinala

perfume

leokwane le le nkgang
monate

washbag

kgetsana ya go tlhatswa

stool

setulo

weighing scale

sekale sa go lekanya

bathrobe

seaparo sa botlhapelo

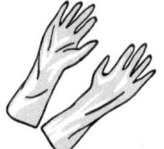

rubber gloves

ditlelafo tsa rekere

tampon

tempone

sanitary towel

sedirisiwa sa basadi ba ba
mo kgweding

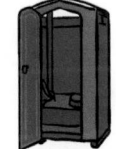

chemical toilet

ntlwana ya khemikhale

child's room

phaposi ya bana

alarm clock
tshupanako ya alamo
cuddly toy
mpopi wa go tlamparela
toy car
koloi e e tshamekang
rattle
setšhakgatšhakga
doll's house
ntlo ya dipompi
present
poresente

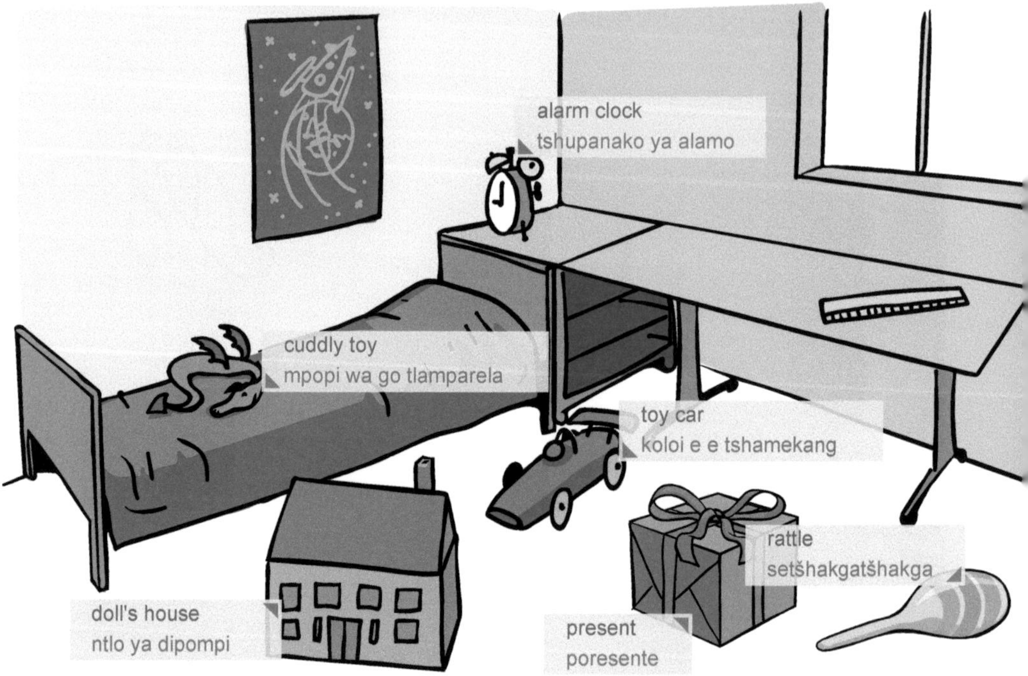

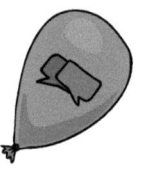

balloon

baluni

bed

bolao

pram

porema

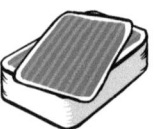

deck of cards

deck of cards

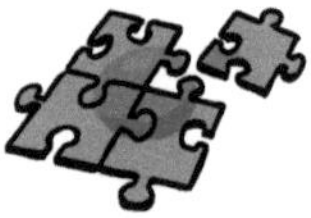

jigsaw

saga ya motlakase

SUPER
MEGA

comic

buka ya ditshegisi

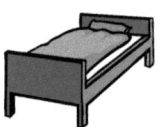

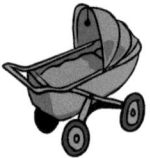

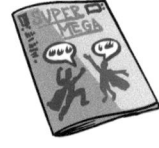

lego bricks

matlapa a go tshameka

building blocks

diboloko tse di tshamekang

action figure

setshwantsho sa motho

babygrow

seaparo sa lesea

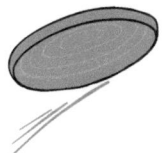

frisbee

Frisbee

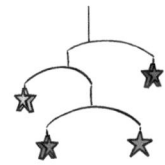

mobile

selo sa go letsa mmino mo ditsebeng

board game

motshameko wa boroto

dice

daese

model train set

terena

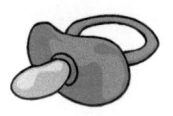

dummy

tami

party

moletlo

picture book

buka ya ditshwantsho

ball

bolo

doll

mpopi

play

tshameka

sandpit

lebala le le naleng santa

swing

moswinki

toys

ditshamekisi tsa bana

video game console

motshameko wa dibidio

tricycle

baesekele ya maotwana a a mararo

teddy bear

bera e e diretsweng go tshamekisa bana

wardrobe

raka ya go baya diaparo

clothing

seaparo

socks

dikausu

stockings

dikausu tsa basadi

tights

dithaetse

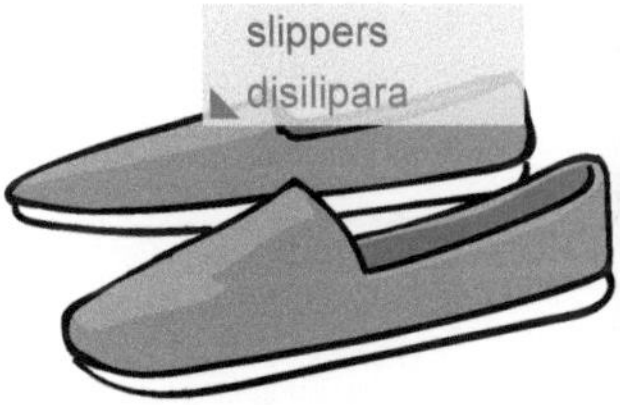

scarf
sekhafo

belt
lebante

umbrella
sekhukhu

t-shirt
sekipa

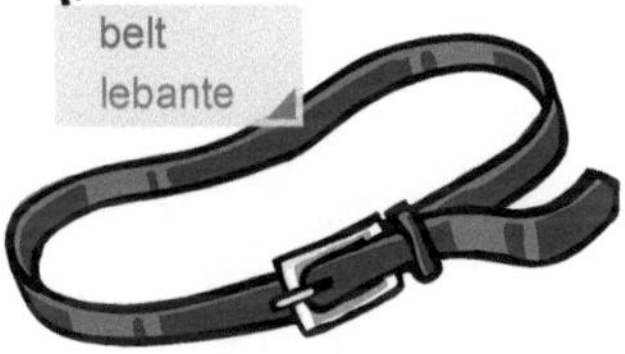

trainers
diteki

boots
dibutshi

slippers
disilipara

sandals
dimphatšhane

shoes
ditlhako

rubber boots
dibutshi tsa rekere

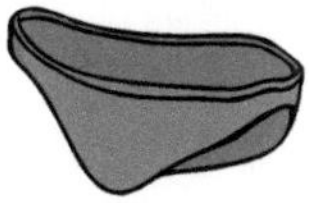

underpants
borukgwe jwa kwateng

bra
boraa

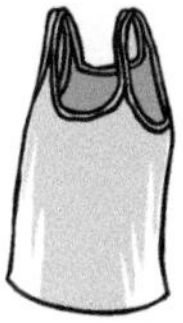

vest
besete

body

mmele

trousers

borukgwe

jeans

bokate

skirt

sekete

blouse

bolaose

shirt

hempe

pullover

jeresi e e senang matsogo

hoodie

jakete e e enaleng hutshe

blazer

boleisara

jacket

jakete

coat

jase

raincoat

jase ya pula

costume

khosetjhumo

dress

mosese

wedding dress

mosese wa lenyalo

suit

sutu

nightgown

seaparo sa bosigo

pyjamas

diaparo tsa go robala

sari

sari

headscarf

sekhafa sa tlhogo

turban

turban

burqa

burqa

kaftan

kaftan

abaya

abaya

swimsuit

seaparo sa go thuma

trunks

diteranka

shorts

borukgwe jo bo khutshwane

tracksuit

terekesutu

apron

seaparo sa go phephafatsa

gloves

ditlelafo

button

talama

glasses

diborele

bracelet

sebaga

necklace

sebaga sa mo thamong

ring

palamonwana

earring

lengena

cap

kepisi

coat hanger

sepega baki

hat

hutshe

tie

tae

zip

zepe

helmet

hutshe ya sethuthuthu

braces

ditrata tsa meno

school uniform

diaparo tsa sekolo

uniform

diaparo tsa mmereko /
diaparo tsa sekolo

bib
bebe

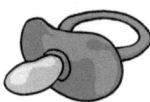

dummy
tami

nappy
mongato

office
kantoro

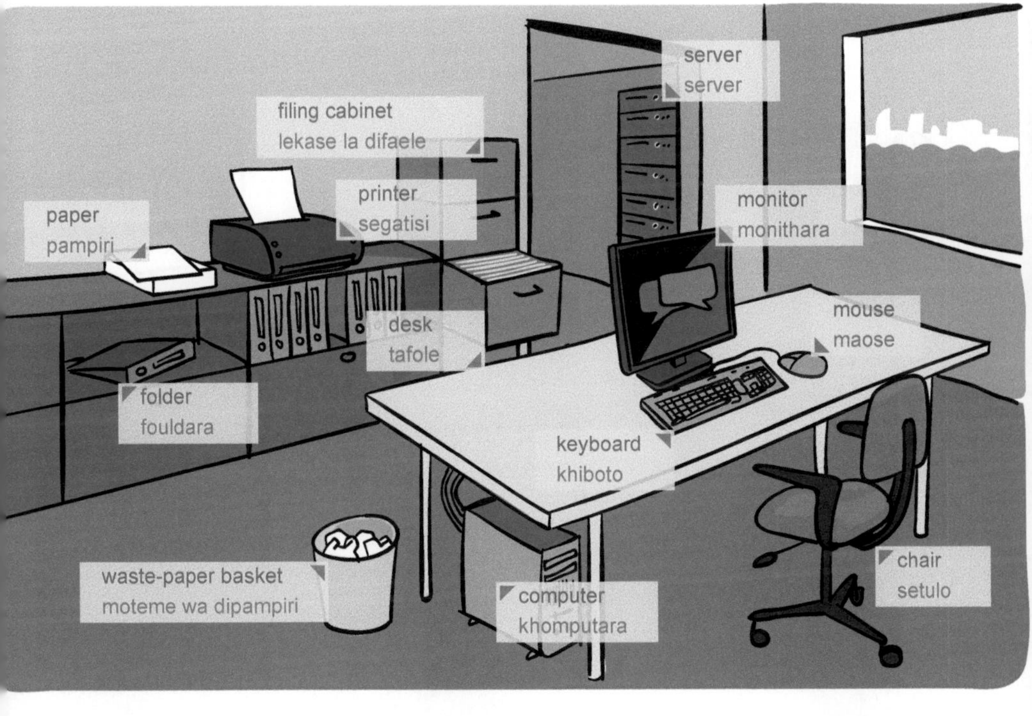

server
server

filing cabinet
lekase la difaele

printer
segatisi

monitor
monithara

paper
pampiri

mouse
maose

desk
tafole

folder
fouldara

keyboard
khiboto

chair
setulo

waste-paper basket
moteme wa dipampiri

computer
khomputara

coffee mug
kopi

calculator
khalkhuleitara

internet
inthanete

laptop

lapothopo

letter

lekwalo

message

molaetsa

mobile

mogala wa letheka

network

kgolagano ya megala

photocopier

segatisa dipampiri

software

software

telephone

mogala

plug socket

sokete ya polaka

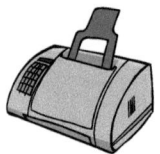

fax machine

motšhini wa fekese

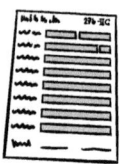

form

foromo

document

setlankana

buy

reka

pay

patela

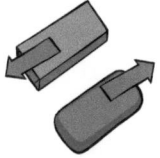

trade

rekisa

money

madi / tšhelete

dollar

dolara

euro

euro

yen

yen

rouble

roubele

Swiss franc

swiss franc

renminbi yuan

renminbi yuan

rupee

rupee

cashpoint

lefelo la madi

bureau de change

kantoro ya go fetola madi

gold

gauta

silver

selefera

oil

oli

energy

maatla

price

tlhwatlhwa

contract

konteraka

tax

lekgetho

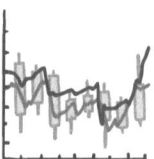

stock

setoko

work

dira

employee

mothapiwa

employer

mothapi

factory

bodirelo

shop

lebenkele

occupations

maemo

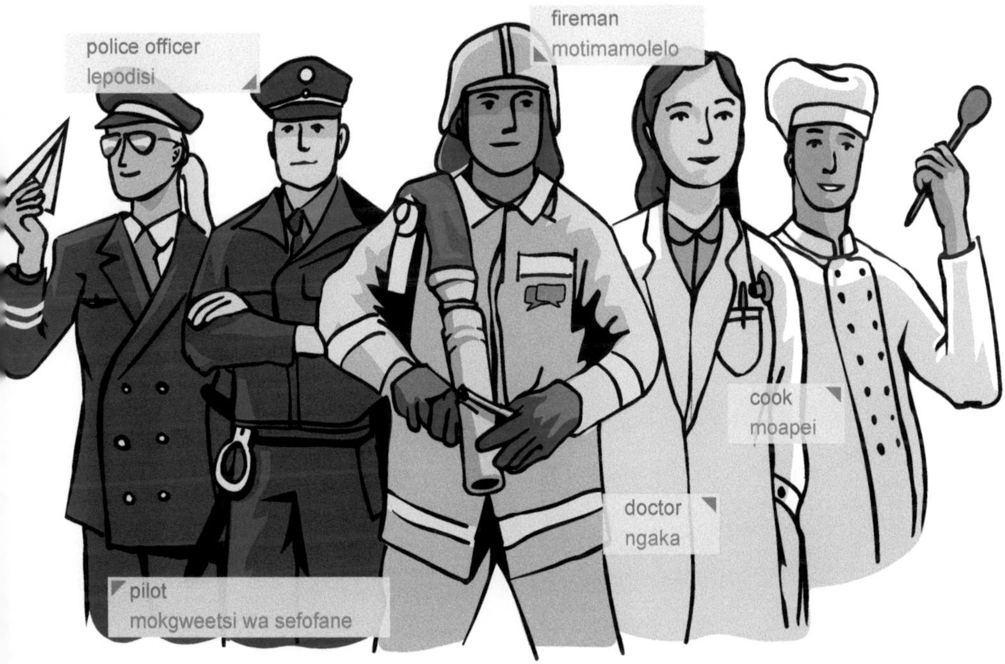
police officer
lepodisi
fireman
motimamolelo
cook
moapei
doctor
ngaka
pilot
mokgweetsi wa sefofane

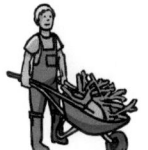

gardener

ratshingwana

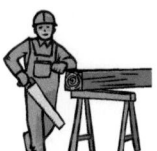

carpenter

mmetli wa dikgong

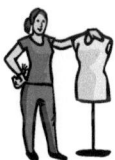

seamstress

moroki

judge

moatlhodi

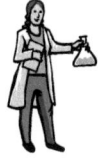

chemist

moitse wa melemo

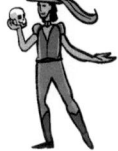

actor

modiragatsi

bus driver

mokgweetsi wa bese

taxi driver

mokgweetsi wa tekisi

fisherman

motshwari wa ditlhapi

cleaning lady

Mme yo o phepafatsang

roofer

moruledi

waiter

weitara

hunter

motsumi

painter

motaki

baker

mmesi wa senkgwe

electrician

ramotlakase

builder

moagi

engineer

moenjenere

butcher

mosegi wa nama

plumber

motsenyi wa diphaepe tsa metsi

postman

motsamaisa poso

soldier

leshole

architect

modiri wa dipolane

cashier

morekisi

florist

morekisi wa malomo

hairdresser

mokgabisamoriri

conductor

kondactara

mechanic

mokheneke

captain

mokapeteine

dentist

ngaka ya meno

scientist

Rasaense

rabbi

moruti

imam

imam

monk

moitlami

clergyman

moruti

tools
didiriswa

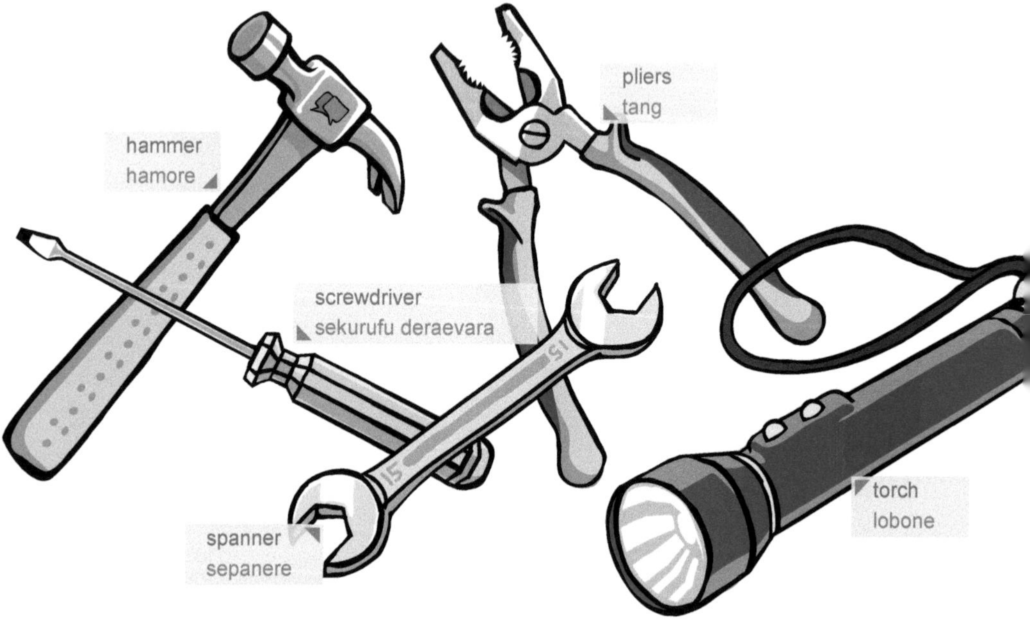

hammer
hamore
pliers
tang
screwdriver
sekurufu deraevara
spanner
sepanere
torch
lobone

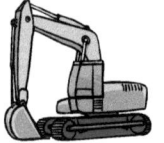

digger

moepi

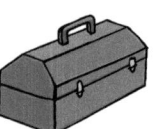

toolbox

bokoso ya didirisiwa

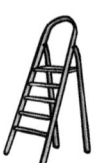

ladder

lere

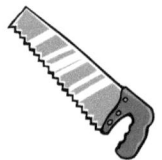

saw

saga

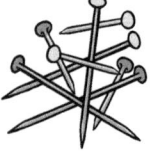

nails

dipekere

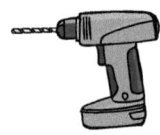

drill

sebori

repair

baakanya

shovel

garawe

Damn!

ijaa!

dustpan

seolela matlakala

paint pot

pitsa ya pente

screws

sekurufu

musical instruments
didirisiwa tsa mmino

drum kit
meropa

loudspeaker
sepikara se se goelang ko godim

guitar
katara

double bass
base e e gabedi

trumpet
terompeta

piano
piano

violin
bayolini

bass
base

timpani
timpane

drums
meropa

keyboard
khiboto

saxophone
sekesofone

flute
phala

microphone
sebuela godimo

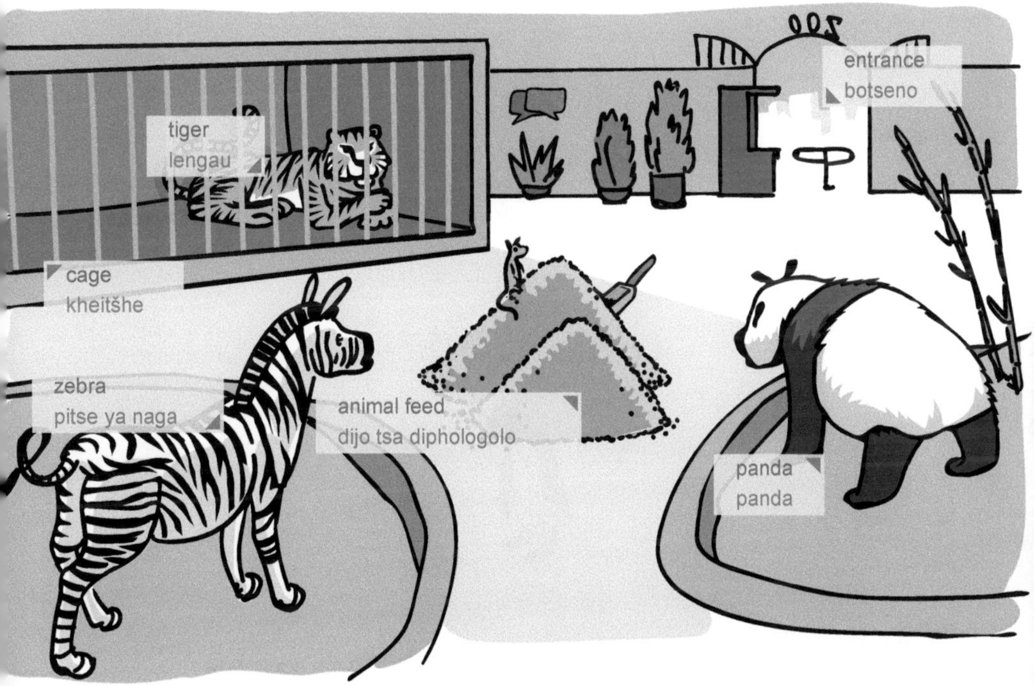

lefelo la go bonela diphologolo

tiger
lengau

entrance
botseno

cage
kheitšhe

zebra
pitse ya naga

animal feed
dijo tsa diphologolo

panda
panda

animals

diphologolo

elephant

tlou

kangaroo

dikhankaruu

rhino

tshukudu

gorilla

tshweni

bear

bera

camel

kamela

ostrich

kalakune

lion

tau

monkey

tshwene

flamingo

flamingo

parrot

papalagae

polar bear

bera e e dulang ko lefelong
le le tsididi thata

penguin

nonyane tsa lewatle

shark

leruarua

peacock

phikoko

snake

noga

crocodile

kwena

zookeeper

motlhokomedi wa
diphologolo

seal

sili

jaguar

katse

pony

petsana

leopard

lengau

hippo

tshukudu

giraffe

thutlwa

eagle

ntsu

boar

dikolobe tsa naga

fish

tlhapi

turtle

khudu

walrus

walrus

fox

ntja ya naga

gazelle

tshephe

American football
kgwele ya dinao ya Amerika

cycling
motshameko wa baesekele

tennis
tenese

basketball
baseketebolo

swimming
thuma

boxing
motshameko wa go lwa ka diatla

ice hockey
hockey ya mo aeseng

football

kgwele ya dinao

badminton

badminthone

athletics

atletiki

handball

kgwele ya diatla

skiing

skiing

polo

polo

activities
didirwa

jump
tlola
hug
tlamparela
laugh
tshega
walk
tsamaya
sing
opela
dream
lora
pray
rapela
kiss
atla

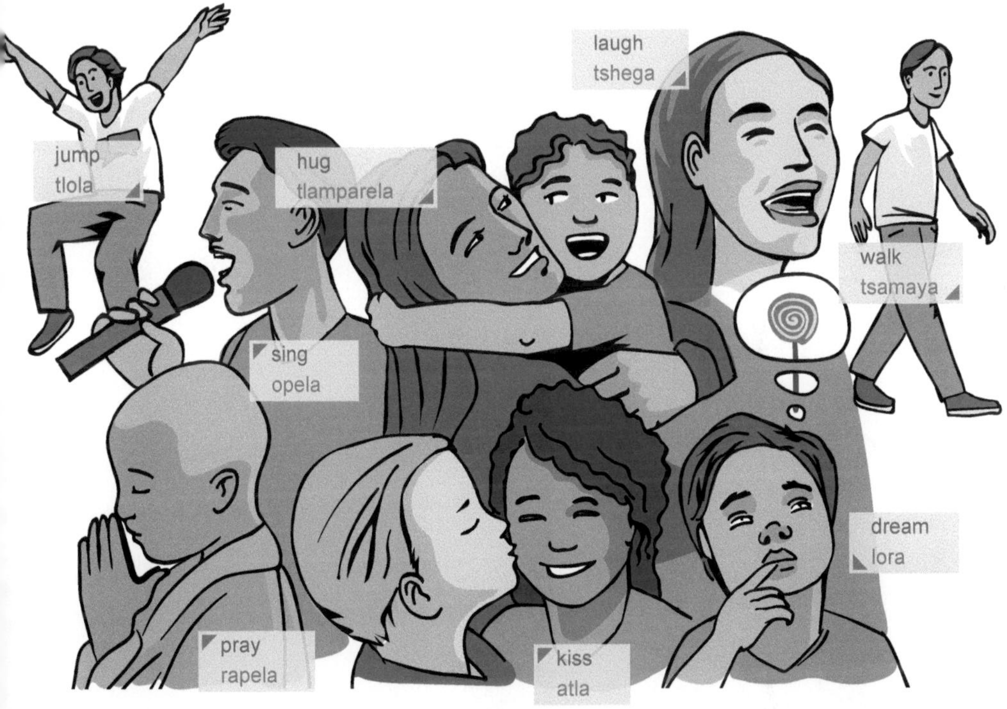

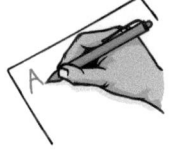

write
kwala

draw
torowa

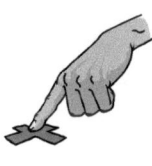

show
bontsha

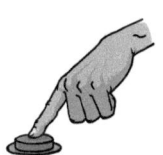

push
kgorometsa

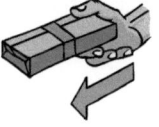

give
naya

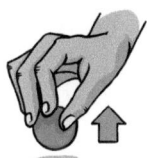

take
tsaya

have
....
go nna

do
....
dira

be
....
nna

stand
....
ema

run
....
taboga

pull
....
goga

throw
....
latlha

fall
....
wa

lie
....
maaka

wait
....
ema

carry
....
tsholetsa

sit
....
dula

get dressed
....
apara

sleep
....
robala

wake up
....
tsoga

look at

leba

cry

lela

stroke

thuma ka lemorago

comb

kama

talk

bua

understand

tlhaloganya

ask

botsa

listen

reetsa

drink

nwa

eat

ja

tidy up

phepafatsa

love

lorato

cook

apaya

drive

kgweetsa

fly

fofa

sail

seila

calculate

khalkhuleitara

read

bala

learn

ithute

work

dira

marry

nyala

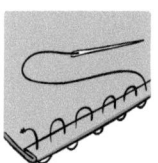

sew

roka

brush teeth

tlhapa meno

kill

bolaya

smoke

tsuba

send

romela

activities - didirwa

grandmother
mmemogolo

grandfather
rremogolo

father
rre

mother
mme

baby
ngwana

daughter
morwadi

son
morwa

guest

moeng

aunt

mmangwane

uncle

malome

brother

abuti

sister

ausi

body

mmele

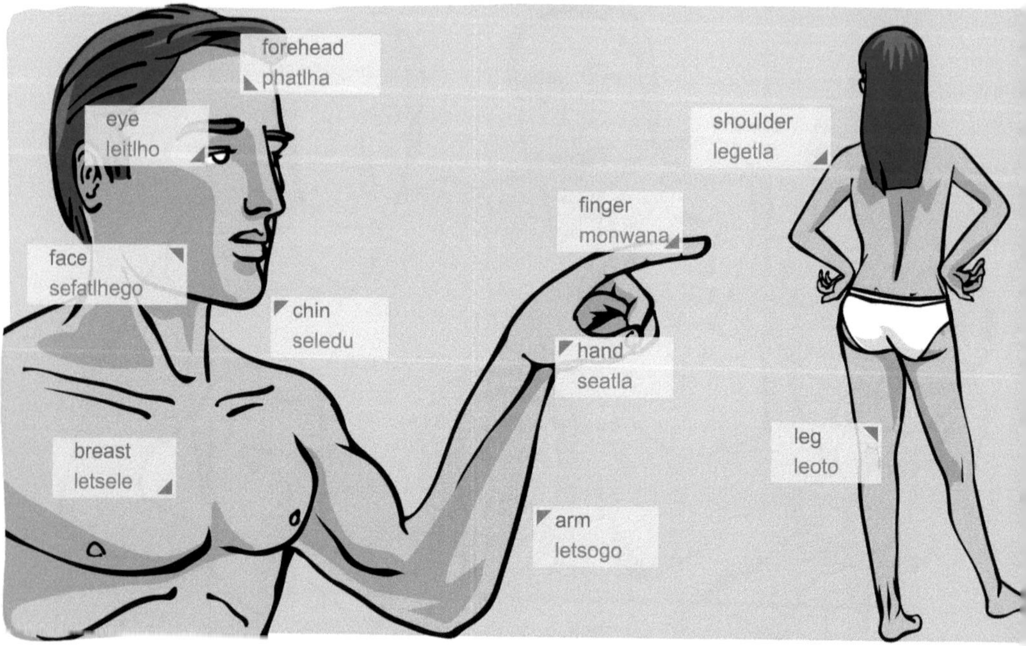

forehead
phatlha

eye
leitlho

shoulder
legetla

finger
monwana

face
sefatlhego

chin
seledu

hand
seatla

breast
letsele

leg
leoto

arm
letsogo

baby

ngwana

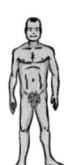

man

monna

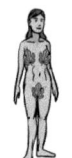

woman

mosadi

girl

mosetsana

boy

mosimane

head

tlhogo

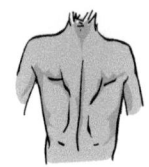

back
....
mokwatla

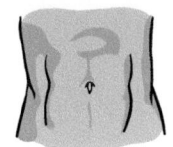

belly
....
mpa

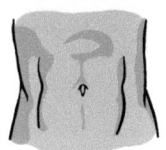

belly button
....
khubu

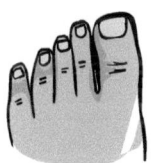

toe
....
monwana

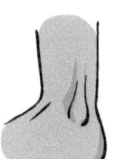

heel
....
serethe

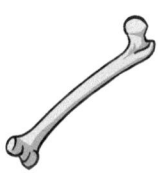

bone
....
lerapo

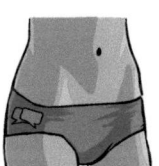

hip
....
letheka

knee
....
lengole

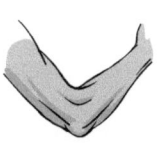

elbow
....
sekgono

nose
....
nko

bottom
....
ko tlase

skin
....
letlalo

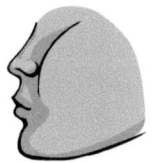

cheek
....
lerama

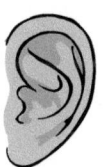

ear
....
tsebe

lip
....
pounama

mouth

molomo

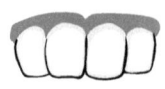

tooth

leino

tongue

loleme

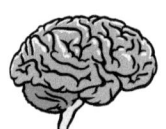

brain

boboko

heart

pelo

muscle

maatla

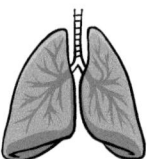

lung

lekgwafo

liver

sebete

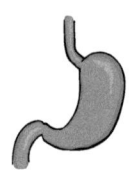

stomach

mala

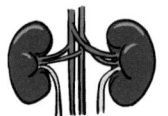

kidneys

diphio

sex

bong

condom

mosomelwana

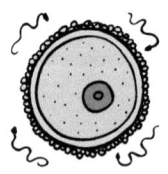

ovum

sebelegi sa ngwana

semen

semen

pregnancy

moimana

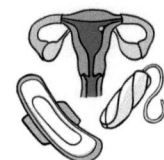

menstruation

dinako tsa go tla ka kgwedi
tsa basadi

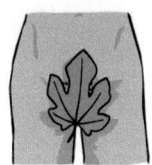

vagina

serwe sa mosadi

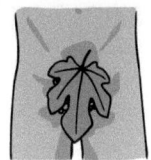

penis

serwe sa monna

eyebrow

dintshi

hair

moriri

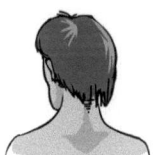

neck

thamo

hospital
sepetlele

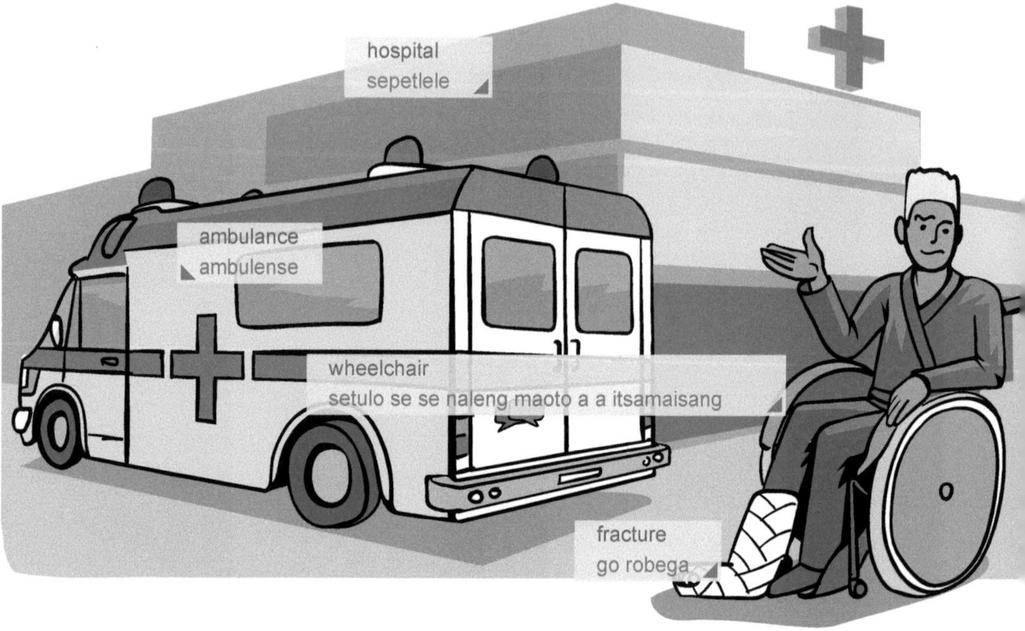

hospital
sepetlele
ambulance
ambulense
wheelchair
setulo se se naleng maoto a a itsamaisang
fracture
go robega

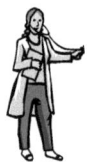

doctor

ngaka

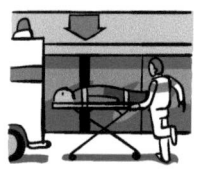

emergency room

phaphosi ya tshoganyetso

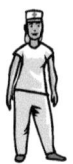

nurse

mooki

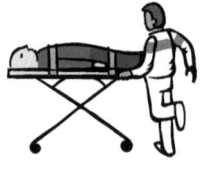

emergency

tshoganyetso

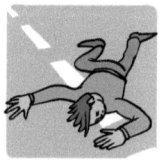

unconscious

idibala

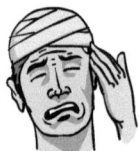

pain

setlhabi

injury

kgobalo

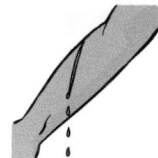

bleeding

go dutla madi

heart attack

tlhaselo ya pelo

stroke

setorouko

allergy

bolwetsi

cough

go gotlhola

fever

fulu

flu

fulu

diarrhoea

letshololo

headache

opiwa ke tlhogo

cancer

kankere

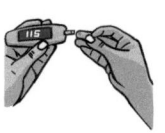

diabetes

sukiri ya mmele

surgeon

moari

scalpel

sekalepele

operation

karo

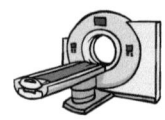

CT

CT

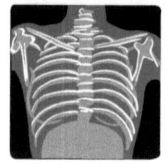

x-ray

x-ray

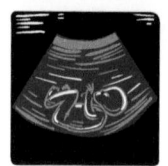

ultrasound

motšhini wa go leba mo mpeng

face mask

sesira sefatlhego

disease

twatsi

waiting room

phaposi boletelo

crutch

dithobane

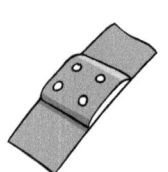

plaster

polasetara

bandage

sefapho

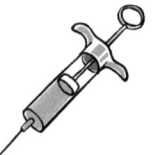

injection

lemao

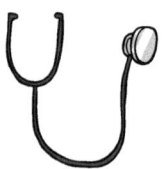

stethoscope

setetosekoupu

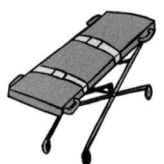

stretcher

seteretšhara

clinical thermometer

themometara ya bongaka

birth

pelegi

overweight

bokima jwa mmele

hearing aid

sedirisiwa sa go thusa go utlwa

disinfectant

sesireletsa dintho

infection

tshwaetso

virus

mogare

HIV / AIDS

HIV / AIDS

medicine

melemo

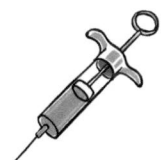

vaccination

mokento

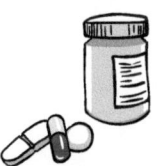

tablets

thabolete

pill

pilisi

emergency call

mogala wa tshoganyetso

blood pressure monitor

motšhini wa go ela tlhoko kgatelelo ya madi

ill / healthy

lwala / itekanetse

Help! Thusa!	 alarm alamo	 assault tshotlako
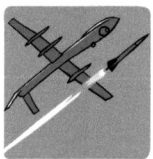 attack tlhasela	 danger kotsi	 emergency exit kgoro ya tshoganyetso
Fire! Molelo!	 fire extinguisher setima moleleo	 accident kotsi
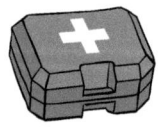 first-aid kit khiti ya go thusa ka dikgobalo	 SOS SOS	 police lepodisi

Europe

Yuropa

North America

Bokone jwa Amerika

South America

Borwa jwa Amerika

Africa

Aforika

Asia

Asia

Australia

Australia

Atlantic

Atlantic

Pacific

Pacific

Indian Ocean

Lewatle la India

Antarctic Ocean

Lewatle la Antarctic

Arctic Ocean

Lewatle la Arctic

North Pole

Bokone

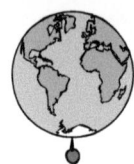

South Pole
Borwa

Antarctica
Antartica

Earth
Lefatshe

land
lefatshe

sea
lewatle

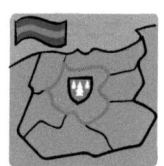

island
losi lwa lewatle

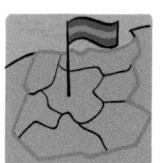

nation
lotso

state
boemo

clock face

lentle la tshupanako

hour hand

letsogo la ura

minute hand

letsogo la metsotso

second hand

letsogo la metsotswana

What time is it?

ke nako mang?

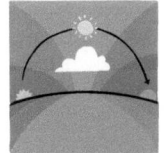

day

letsatsi

time

nako

now

go ne jaanong

digital watch

tshupanako ya dijithale

minute

metsotso

hour

ura

week

beke

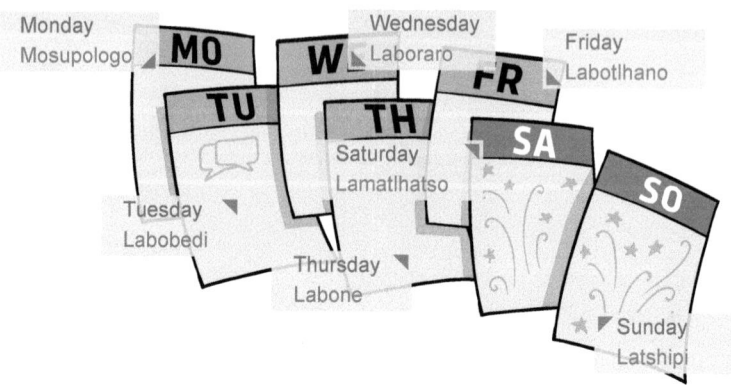

Monday
Mosupologo

Tuesday
Labobedi

Wednesday
Laboraro

Thursday
Labone

Friday
Labotlhano

Saturday
Lamatlhatso

Sunday
Latshipi

yesterday

maabane

today

gompieno

tomorrow

kamoso

morning

moso

noon

thapama

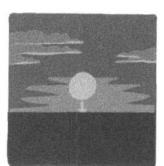

evening

maitseboa

business days

malatsi a tiro

weekend

mafelo a beke

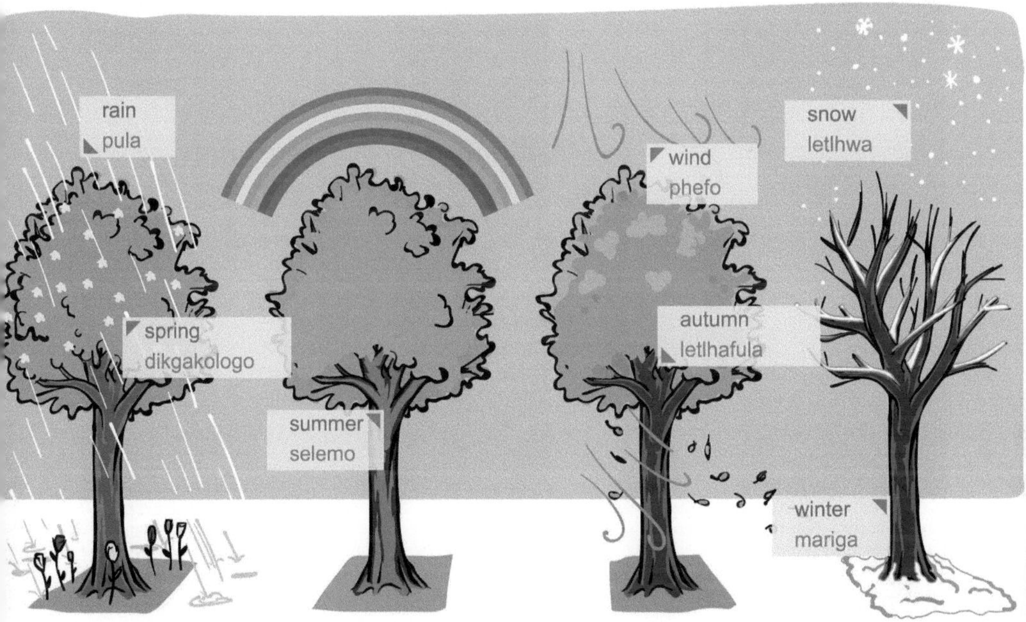

rain
pula
snow
letlhwa
wind
phefo
spring
dikgakologo
autumn
letlhafula
summer
selemo
winter
mariga

4.APRIL 11°
5.APRIL 4°
6.APRIL 13°
7.APRIL 8°
8.APRIL 10°

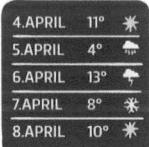

weather forecast

botsogo jwa loapi

F C
120 40
90 30
60 20
30 10
0 0
-30 -10
-20

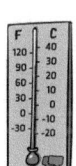

thermometer

themomithara

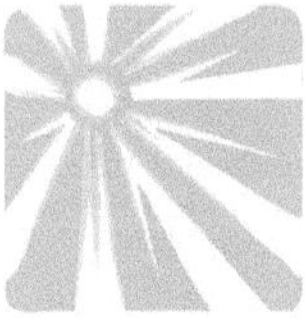

sunshine

letsatsi

cloud

leru

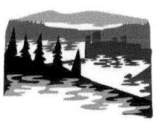

fog

mouwane

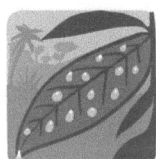

humidity

humidity

lightning

legadima

thunder

modumo wa maru

storm

matsubutsubu

hail

sefako

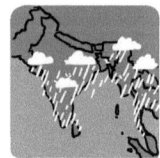

monsoon

monsoon

flood

morwalela

ice

aese

January

Ferikgong

February

Tlhakole

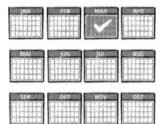

March

Mopitlwe

April

Moranang

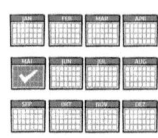

May

Motsheganong

June

Seetebosigo

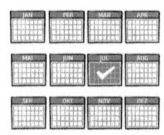

July

Phukwi

August

Phatwe

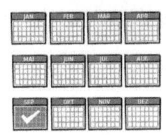

September
Lwetse

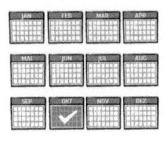

October
Diphalane

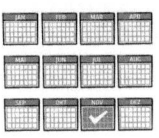

November
Ngwanaatsele

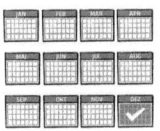

December
Sedimonthole

shapes
dipopego

circle
kgolokwe

square
khutlonne

rectangle
khutlonnetsepa

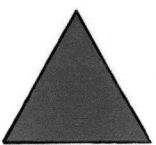

triangle
khutlotharo

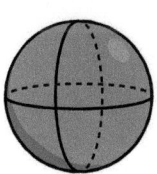

sphere
khutlo

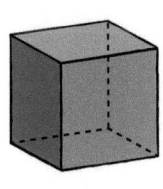

cube
khiubu

white

tshweu

yellow

serolwana

orange

mmala wa namune

pink

pinki

red

khibidu

purple

bohibidu jo bo mokgona

blue

pududu

green

tala

brown

tshetlha

grey

tshetlha

black

ntsho

a lot / a little

go le gontsi / go nnye

angry / calm

go kwata / go ritibala

beautiful / ugly

montle / maswe

beginning / end

tshimologo / bofelo

big / small

tonna / nnyane

bright / dark

lesedi / lefifi

brother / sister

abuti / ausi

clean / dirty

phepa / leswe

complete / incomplete

feletse / go sa felela

day / night

motshegare / bosigo

dead / alive

o sule / o a tshela

wide / narrow

bophara / tshesane

edible / inedible

ya jega / ga e jege

evil / kind

bosula / molemo

excited / bored

go itumela thata / go se itumele

fat / thin

nonne / tshesane

first / last

ntlha / bofelo

friend / enemy

tsala / sera

full / empty

tletse / lolea

hard / soft

thata / bonolo

heavy / light

bokete / motlhofo

hunger / thirst

tlala / lenyora

ill / healthy

lwala / itekanetse

illegal / legal

dumelesega / dumeletswe

intelligent / stupid

botlhale / sematla

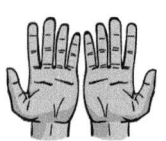

left / right

molema / moja

near / far

gaufi / kgakala

new / used

sesha / ya kgale

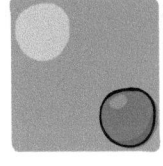

nothing / something

sepe / sengwe

old / young

mogolo / mosha

on / off

tsenya / tima

open / closed

bula / tswetswe

quiet / loud

tidimalo / modumo

rich / poor

khumo / lehuma

right / wrong

siame / phoso

rough / smooth

ditlhotlhori / borethe

sad / happy

hutsafetse / itumetse

short / long

khutshwane / telele

slow / fast

bonya / bonako

wet / dry

metsi / omile

warm / cool

mololo / tsididi

war / peace

ntwa / kagiso

opposites - ganetsa

0

zero

lefela

1

one

nngwe

2

two

pedi

3

three

tharo

4

four

nne

5

five

tlhano

6

six

thataro

7

seven

supa

8

eight

robedi

9

nine

robonngwe

10

ten

lesome

11

eleven

some nngwe

12

twelve

some pedi

13

thirteen

some tharo

14

fourteen

some nne

15

fifteen

some tlhano

16

sixteen

some thataro

17

seventeen

some supa

18

eighteen

some robedi

19

nineteen

some robonngwe

20

twenty

masomamabedi

100

hundred

lekgolo

1.000

thousand

sekete

1.000.000

million

milione

English
Sejatlhapi

American English
Sejatlhapi sa Amerika

Chinese Mandarin
se-China

Hindi
se-Hindi

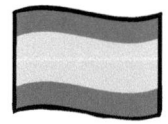

Spanish
se-Spanish

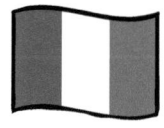

French
se-For a

Arabic
se-Araba

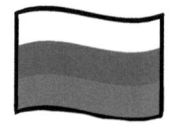

Russian
se-Russia

Portuguese
se-Potokisi

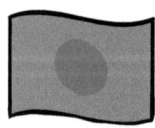

Bengali
se-Bengali

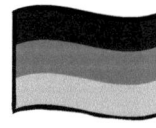

German
se-Jeremane

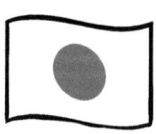

Japanese
se-Japane

I

Nna

you

wena

he / she / it

ene / ene / sone

we

re

you

wena

they

bone

who?

mang?

what?

eng?

how?

jang?

where?

kae?

when?

leng?

name

leina

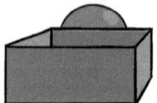

behind

mo morago

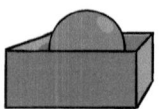

in

mo

in front of

fa pele ga

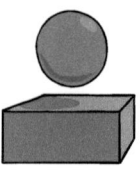

over

godimo

on

mo

under

fa tlase

beside

mo thoko

between

magareng

place

lefelo